Impressum
Verlag: BABADADA GmbH, Nedderfeld 112 , 22529 Hamburg
Geschäftsführer / Verlagsleitung: Harald Hof
Druck: Books on Demand GmbH, In de Tarpen 42, 22848 Norderstedt

Imprint
Publisher: BABADADA GmbH, Nedderfeld 112 , 22529 Hamburg, Germany
Managing Director / Publishing direction: Harald Hof
Print: Books on Demand GmbH, In de Tarpen 42, 22848 Norderstedt

el colegio

اسڪول

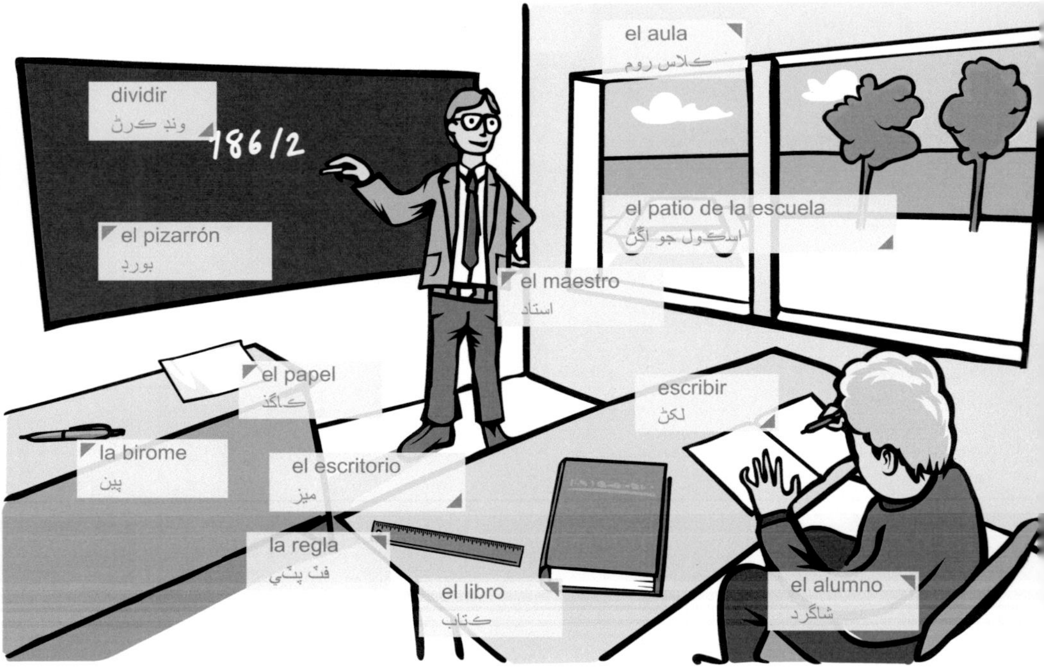
el aula
ڪلاس روم
dividir
ونڊ ڪرڻ
186/2
el patio de la escuela
اسڪول جو اڱڻ
el pizarrón
بورڊ
el maestro
استاد
el papel
ڪاگذ
escribir
لکڻ
la birome
پين
el escritorio
ميز
la regla
فٽ پٽي
el libro
ڪتاب
el alumno
شاگرد

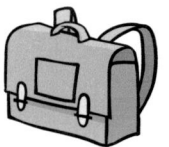

la mochila

بستو

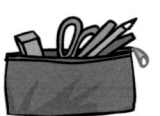

la caja de lápices

پينسل باڪس

el lápiz

پينسل

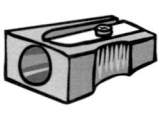

el sacapuntas

پينسل شارپنر

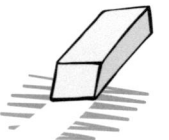

la goma (de borrar)

ربڙ

el bloc de dibujo

ڊرائنگ پيڊ

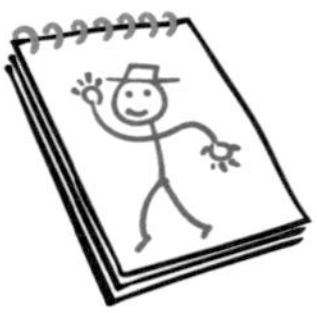

el dibujo

ڈرائنگ

el pincel

پینٹ برش

la caja de pinturas

پینٹ باکس

la tijera

قینچی

el pegamento

گوند

el cuaderno de ejercicios

مشق کرن واری کاپی

la tarea

ہوم ورک

el número

عدد

sumar

جوڑ کرن

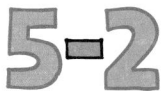

restar

کٹ کرن

multiplicar

ضرب کرن

calcular

حساب کرن

la letra

خط

el abecedario

الفابیٹ

la palabra

لفظ

el texto

مضمون

leer

پڑھنا

la tiza

چاک

la lección

سبق

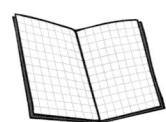

el cuaderno de clase

رجسٹر

el examen

امتحان

el certificado

سرٹیفیکیٹ

el uniforme escolar

اسکول یونیفارم

la educación

تعلیم

la enciclopedia

انسائیکلوپیڈیا

la universidad

یونیورسٹی

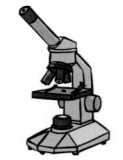

el microscopio

خوردبینی

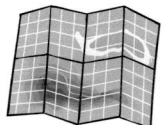

el mapa

نقشہ

el tacho (de basura)

ردي جي ٹوکري

el viaje
سفر

Grand
el hotel
هوٽل
el hostel
هاسٽل
ROOMS
la casa de cambio
رقم تبديل ڪرائڻ جي آفيس
la valija
سوٽ ڪيس
el auto
ڪار

el idioma

ٻولي

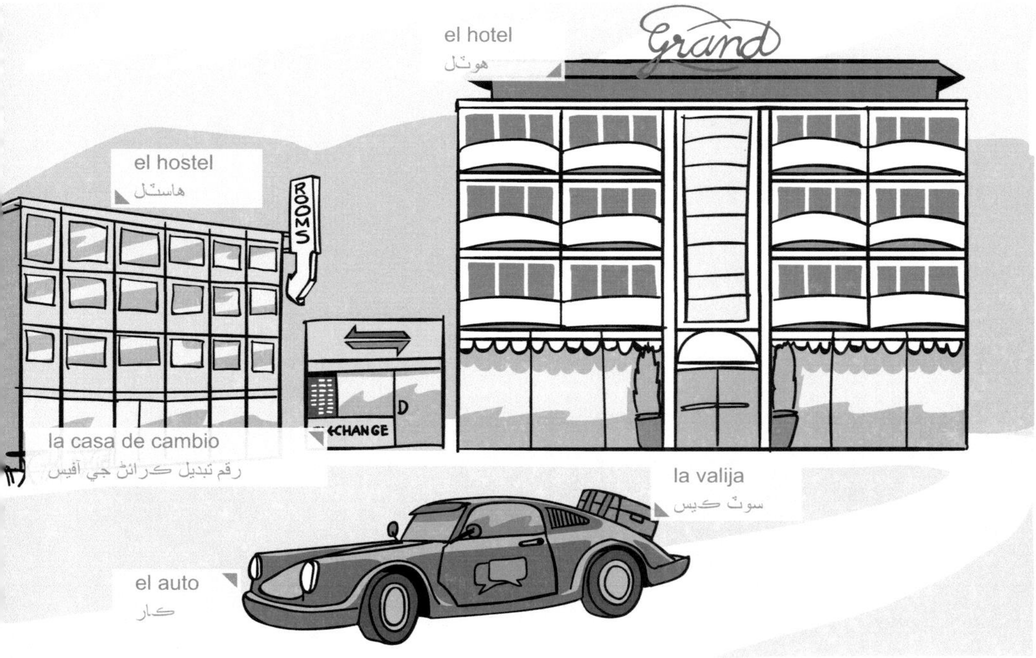

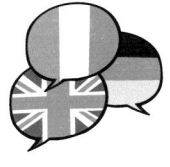

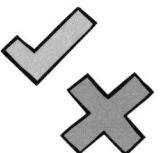

sí / no

ها يا نه

Está bien

صحيح آهي

hola

هيلو

el traductor

مترجم

Gracias

مهرباني

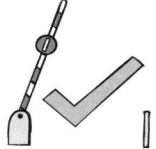

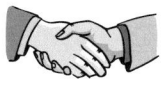

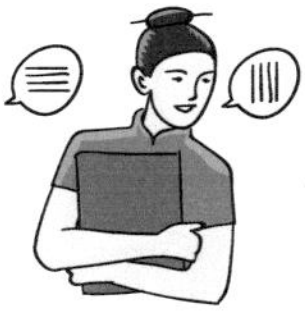

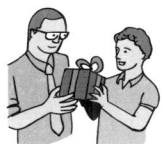

¿cuánto cuesta…?

هن جي قيمت ڪيتري آهي....؟

No entiendo

مون ڪي سمجهہ ۾ نٿو اچي

el problema

مسئلو

¡Buenas tardes!

گڊ ايوننگ

¡Buenos días!

صبح بخير

¡Buenas noches!

شب خير

el adiós

الوداع

la dirección

طرف

el equipaje

سفري سامان

el bolso

بيگ

la mochila

پويان بدّن وارو بيگ

el invitado

مهمان

la habitación

ڪمرو

la bolsa de dormir

بستر وارو بيگ

la carpa

خيمو

la información turística

سياحت يابت معلومات

la playa

سمند كنارو

la tarjeta de crédito

كريڈ كارد

el desayuno

ناشتو

el almuerzo

لنچ

la cena

ڈنر

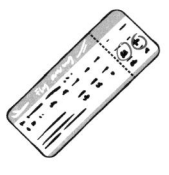

el pasaje

ٹکٹ

el ascensor

لفٹ

el sello

مہر

la frontera

سرحد

la aduana

کاهک

la embajada

سفارتخانو

la visa

ويزا

el pasaporte

پاسپورٹ

el transporte

آمد و رفت

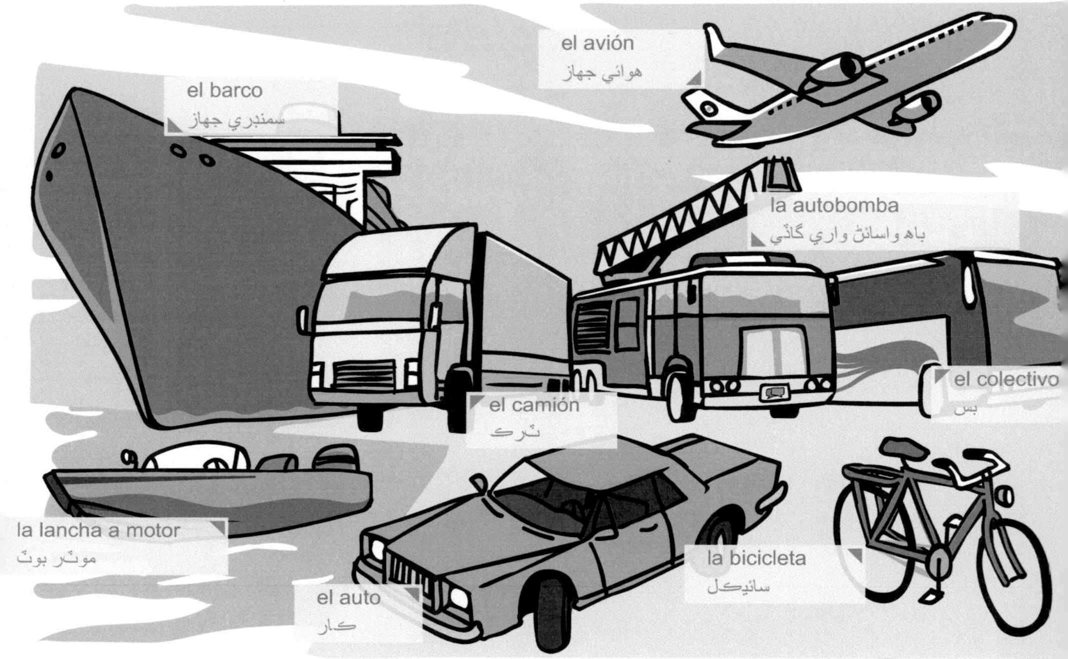

el avión
هوائي جهاز
el barco
سمنڊري جهاز
la autobomba
باھ وسائڻ واري گاڏي
el colectivo
بس
el camión
ٽرڪ
la lancha a motor
موٽر بوٽ
la bicicleta
سائيڪل
el auto
ڪار

el ferry

فيري

el bote

ٻيڙي

la moto

موٽر سائيڪل

el patrullero

پوليس ڪآر

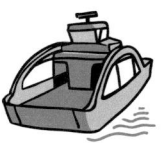

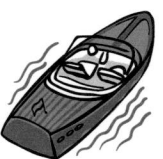

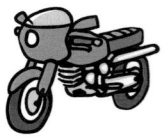

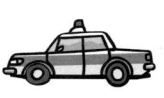

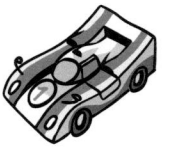

el auto de carreras

ريسنگ ڪار

el auto de alquiler

رينٽل ڪار

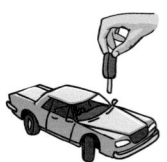

el alquiler de autos

چشنیرنگ کار

la grúa

چکنّ وارو ٹرک

el camión de la basura

کچري واري ٹرک

el motor

کار

la nafta

فیول

la estación de servicio

پیٹرول اسٹیشن

la señal de tránsito

ٹریفک جا نشان

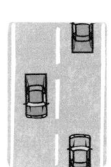

el tránsito

ٹریفک

el embotellamiento

ٹریفک جام

el estacionamiento

کار پارک

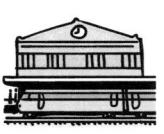

la estación de tren

ٹرین اسٹیشن

las vías

پٹڑیوں

el tren

ٹرین

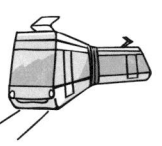

el tranvía

ٹرام

el vagón

ویگن

el helicóptero

ھیلیکاپٽر

el aeropuerto

ايئرپورٽ

la torre

ٽاور

el pasajero

مسافر

el contenedor

ڪنٽينر

la caja de cartón

ڊبو

la carretilla

ريڙهي

la canasta

ٽوڪري

despegar / aterrizar

اڏرڻ / زمين تي لھڻ

la ciudad

شهر

el pueblo

ڳوٺ

el centro de la ciudad

شهر جو مرڪز

la casa

گهر

el cine
سينيما

la publicidad
اشتهار نامو

el farol
اسٹریٹ لیمپ

CINEMA

la calle
گهٹي

el taxi
ٹیوکسی

el kiosco
اسنیک شاپ

el peatón
پیدل هلن وارن لاء رستو

la vereda
پکو رستو

el paso peatonal
زيبرا كراسنگ

ntenedor de basura

el cruce
كراسنگ

el semáforo
ٹریفک لائٹس

la cabaña

جهوپڑي

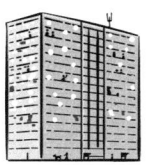

el departamento

فليٹ

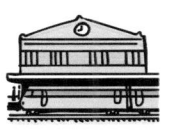

la estación de tren

ٹرين اسٹیشن

la municipalidad

ٹائون هال

el museo

عجائب گهر

el colegio

اسكول

la universidad

يونيورسٽي

el banco

بينڪ

el hospital

اسپتال

el hotel

هوٽل

la farmacia

فارميسي

la oficina

آفس

la librería

ڪتابن جي ڪتاب

el negocio

دڪان

la florería

گلن جي دڪان

el supermercado

سپر مارڪيٽ

el mercado

مارڪيٽ

las grandes tiendas

ڊپارٽمينٽ اسٽور

la pescadería

مڇي جي دڪان

el centro comercial

شاپنگ سينٽر

el puerto

بندرگاھ

el parque

پارک

el banco

بینچ

el puente

پل

las escaleras

ڈاکن

el subte

زیر زمین میٹرو

el túnel

سرنگ

la parada del colectivo

بس اسٹاپ

el bar

شراب خانو

el restaurante

روسٹورینٹ

el buzón

پوسٹ باکس

el letrero

اسٹریٹ سائن

el parquímetro

پارکنگ میٹر

el zoológico

چڑیا گھر

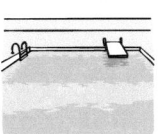

la pileta

سونمنگ پول

la mezquita

مسجد

la granja

فارم

la contaminación

آلودگي

el cementerio

قبرستان

la iglesia

چرچ

los juegos infantiles

راند جو ميدان

el templo

مندر

el paisaje

زميني منظر

la hoja
پتّو

el poste indicador
سائن بورڊ

el camino
رستو

la pradera
ساوڪ واري زمين

la piedra
پٿّر

el árbol
وڻ

el excursionista
پيادل هلڻ وارو هائيڪر

el río
دريا

la hierba
چِيّر

la flor
گل

el valle

وادي

la montaña

جبل

el lago

ديند

el bosque

گل

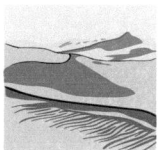

el desierto

ريگستان

el volcán

اتش فشان

el castillo

قلعو

el arco iris

اندلك

el champiñón

كنيي

la palmera

كهجي جو ون

el mosquito

مچر

la mosca

مک

la hormiga

كيولي

la abeja

ماكي جي مک

la araña

مكڙي

el escarabajo

ٽڪندڪ

la rana

ڏيڏر

la ardilla

نوريئڙو

el erizo

چاهو

la liebre

خرگوش

la lechuza

چٻرو

el pájaro

پکي

el cisne

بدڪ

el jabalí

سوئر

el ciervo

هرڻ

el alce

آمريڪي هرڻ جو قسم

la presa

بيم

el aerogenerador

هوا سان هلڻ وارو ٽربائين

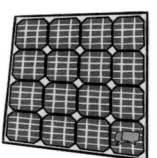

el panel solar

سولر پينل

el clima

اٻ و هوا

el mozo
ویٹر

el menú
کاڈي جي فهرست

la silla
کرسي

la sopa
سوپ

la pizza
پیزا

los cubiertos
چھري کانٹا

el mantel
ٹیبل جو کپڑو

la entrada
اسٹارٹر

el plato principal
مین کورس

el postre
کاڈي کانپوء کانٹ وارو منو

las bebidas
مشروب

la comida
خوراک

la botella
بوتل

la comida rápida

فاسٹ فوڈ

la comida callejera

اسٹریٹ فوڈ

la tetera

ڪٽلي

la azucarera

شگر باؤل

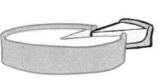

la porción

ٽڪرو

la cafetera expreso

ايسپريسو مشين

la sillita alta

اونچي ڪرسي

la cuenta

بل

la bandeja

ٽري

el cuchillo

چھري

el tenedor

ڪانٽو

la cuchara

چمچ

la cucharita

چائهن جو چمچو

la servilleta

سرويٽڪي

el vaso

گلاس

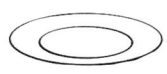

el plato

پلیٹ

el plato hondo

سوپ پلیٹ

el plato

ساسر

la salsa

چٹنی

el salero

لوݨ داني

el molinillo de pimienta

مرچ پیسݨ والا رو

el vinagre

سرکو

el aceite

کاݨو پچانݨ والا رو تیل

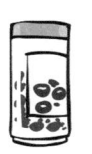

las especias

مصالحو

el kétchup

کیچ اپ

la mostaza

سرنهن

la mayonesa

مایونیز

el supermercado

سپر مارڪيٽ

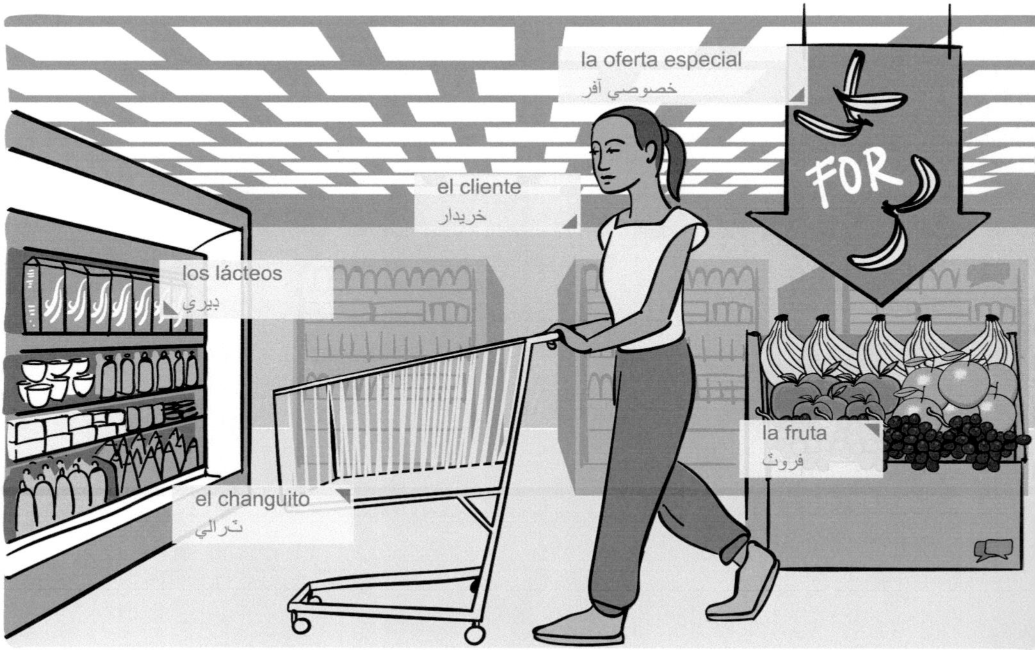

la oferta especial
خصوصي آفر
FOR
el cliente
خريدار
los lácteos
ڊيري
la fruta
فروٽ
el changuito
ٽرالي

BUTCHERS

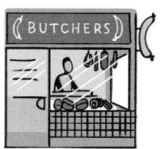

la carnicería

گوشت جي دڪان

BAKERY

la panadería

بيڪري

pesar

وزن ڪرڻ

las verduras

سبزيون

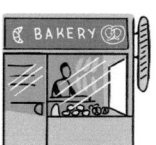

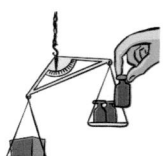

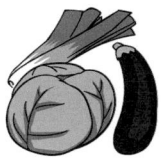

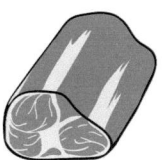

la carne

گوشت

los alimentos congelados

ڄميل کاڌو

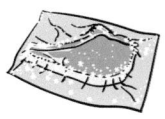

los fiambres

سرد گوشت

los alimentos enlatados

ڈبي م بند كاڻو

el detergente en polvo

واشنگ پاؤدر

las golosinas

مٹھائي

los electrodomésticos

گھریلو سامان

los productos de limpieza

صفائي كرڻ وارا پرابكٹس

la vendedora

سيلز پرسن

la caja

كيش رجسٹر

el cajero

خزانچي

la lista de compras

خريداري جي فهرست

el horario de atención

اوقات كار

la billetera

پرس

la tarjeta de crédito

كريڈٹ كارڊ

la cartera

بيگ

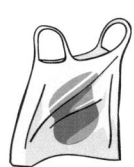

la bolsa de plástico

پلاسٹك بيگ

el agua

پاݨي

el jugo

جوس

la leche

كير

la bebida cola

كوك

el vino

واﺋن

la cerveza

بيﺋر

el alcohol

الكوهل

el cacao

كوكو

el té

چاﺋي

el café

كافي

el café expreso

ايسپريسو

el cappuccino

كپيوچينو

la banana

كيلو

la manzana

صوف

la naranja

مالٽو

el melón

خربوذو

el limón

ليمون

la zanahoria

گجر

el ajo

ٿوم

el bambú

بائس

la cebolla

بصر

el champiñón

کئپي

las nueces

اخروٽ، بادام

los fideos

نوڊلز

los tallarines

اسپيگنَي

el arroz

چانور

la ensalada

سلاد

las papas fritas

چپس

las papas fritas

تريل پتَاتَا

la pizza

پيزا

la hamburguesa

هيم برگر

el sándwich

سينڊوچ

el churrasco

گوشت جو ٽڪرو

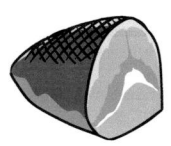

el jamón

سور جي ران جو گوشت

el salame

خشڪ گوشت

la salchicha

ساسيج

el pollo

مرغي

el asado

روسٽ

el pescado

مڇي

los copos de avena

جو جو دلیا

el muesli

میوزلی

los copos de maíz

كارن فليكس

la harina

آٹو

la medialuna

كرونسنٹ

el pancito

بریڈ رول

el pan

بریڈ

la tostada

ٹوسٹ

las galletitas

بسكٹ

la manteca

مكّنا

la cuajada

دهی

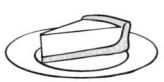

la torta

كيك

el huevo

انڈا

el huevo frito

فرائی ٹیل انڈو

el queso

پنیر

el helado

أنس كريم

el azúcar

كند

la miel

ماكي

la mermelada

مربو

la pasta de chocolate

چاكليت اسپريد

el curry

باجي

la granja

فارم

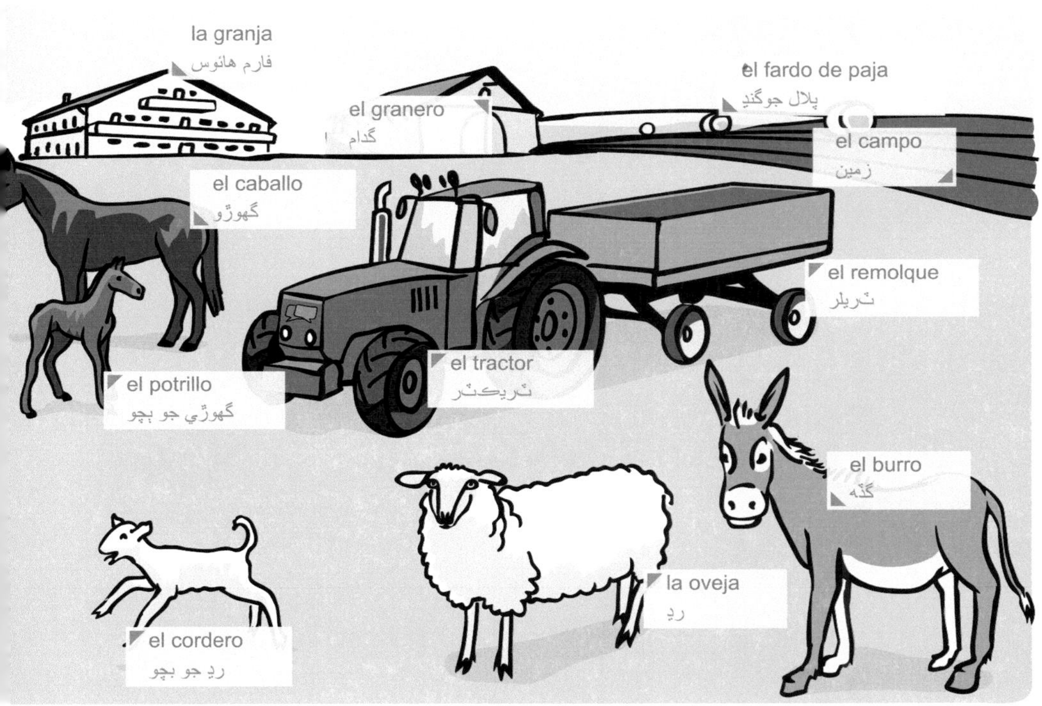

la granja
فارم هائوس
el granero
گدام
el fardo de paja
پلال جوگنڍ
el campo
زمين
el caballo
گهوڙو
el remolque
ٽريلر
el potrillo
گهوڙي جو ٻچو
el tractor
ٽريڪٽر
el burro
گڏه
la oveja
رڍ
el cordero
رڍ جو ٻچو

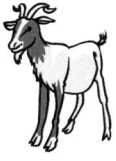

la cabra

ٻڪري

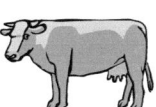

la vaca

ڳئون

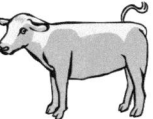

el ternero

پاڏو

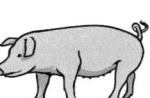

el cerdo

سؤر

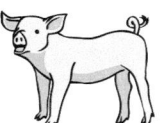

el lechón

سؤر جو ٻچو

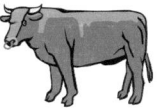

el toro

ڍڳو

el ganso

هنس

el pato

بدك

el pollo

چوزا

la gallina

مرغي

el gallo

مرغو

la rata

کونو

el gato

بلي

el ratón

کونو

el buey

ڈاند

el perro

کتو

la cucha

کتي جو گهر

la manguera

گاردن هوز

la regadera

پاڻي جو کين

la guadaña

ڈاٺو

el arado

هر

la hoz

ڏاٽو

la azada

رنبو

la horquilla

ڏانداري

el hacha

ڪهاڙو

la carretilla

هٿ سان هلائڻ واري ريڙهي

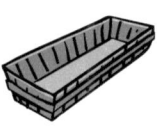

el abrevadero

حوض

la lechera

کير جو ڏٻو

la bolsa

ڳوٿ

la reja

لوڙهو

el establo

اصطبل

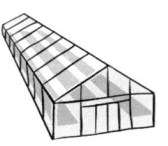

el invernadero

گرين هانوس

el suelo

مٽي

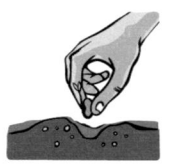

la semilla

ٻج

el fertilizador

کاد

la cosechadora

ڪمبائنڊ هاروبسٽر

cosechar

فصل ڪٽڻ

la cosecha

فصل ڪٽڻ

las batatas

هڪ قسم جي ترڪاري

el trigo

ڪڻڪ

la soja

سويا

la papa

پٽاٽو

el maíz

مڪائي

la semilla de colza

توري جو ٻج

el árbol frutal

ميون جو وڻ

la mandioca

ڪساوا

los cereales

اناج

la casa

گهر

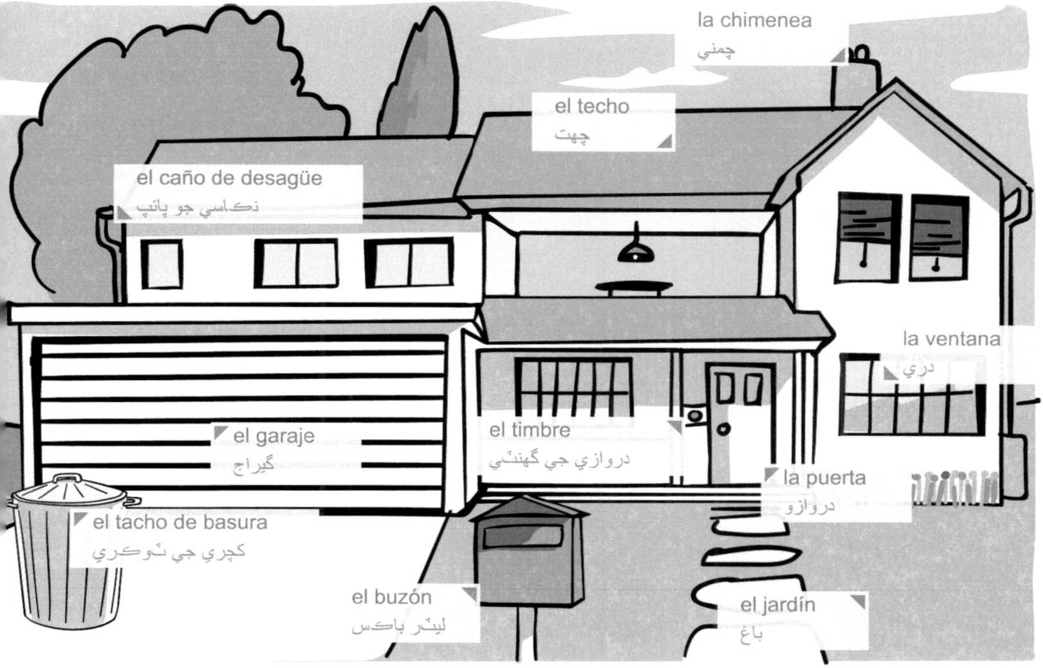

la chimenea
چمني
el techo
ڇت
el caño de desagüe
نڪاسي جو پائپ
la ventana
دري
el garaje
گيراج
el timbre
دروازي جي گهنٽي
la puerta
دروازو
el tacho de basura
ڪچري جي ٽوڪري
el buzón
ليٽر باڪس
el jardín
باغ

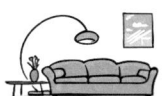

el living

لوونگ روم

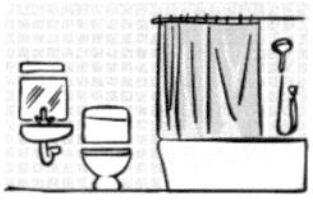

el baño

غسل خانو

la cocina

باورچي خانو

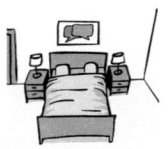

el dormitorio

بيڊروم

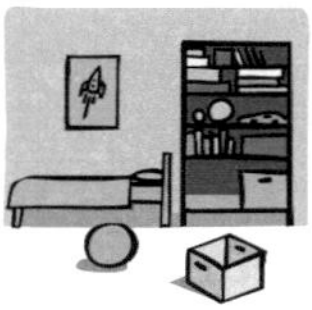

el cuarto de los chicos

ٻارن جو ڪمرو

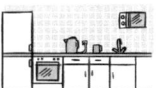

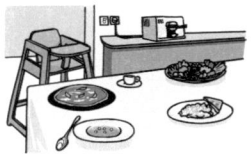

el comedor

ڊائننگ روم

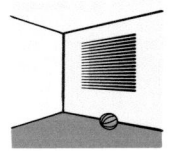

el piso

فرش

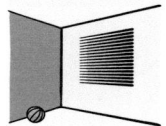

la pared

دیوار

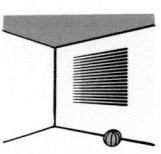

el cielorraso

چھت

el sótano

تہخانو

el sauna

ٻاڦ وارو غسل

el balcón

بالڪوني

la terraza

ٽيرس

la pileta

تلاؤ

la cortadora de pasto

گاھ ڪٽڻ واري مشين

la sábana

چادر

el acolchado

چادر

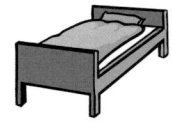

la cama

بيڊ

la escoba

جهاڙو

el balde

بالٽي

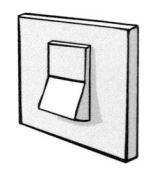

el interruptor

سونچ

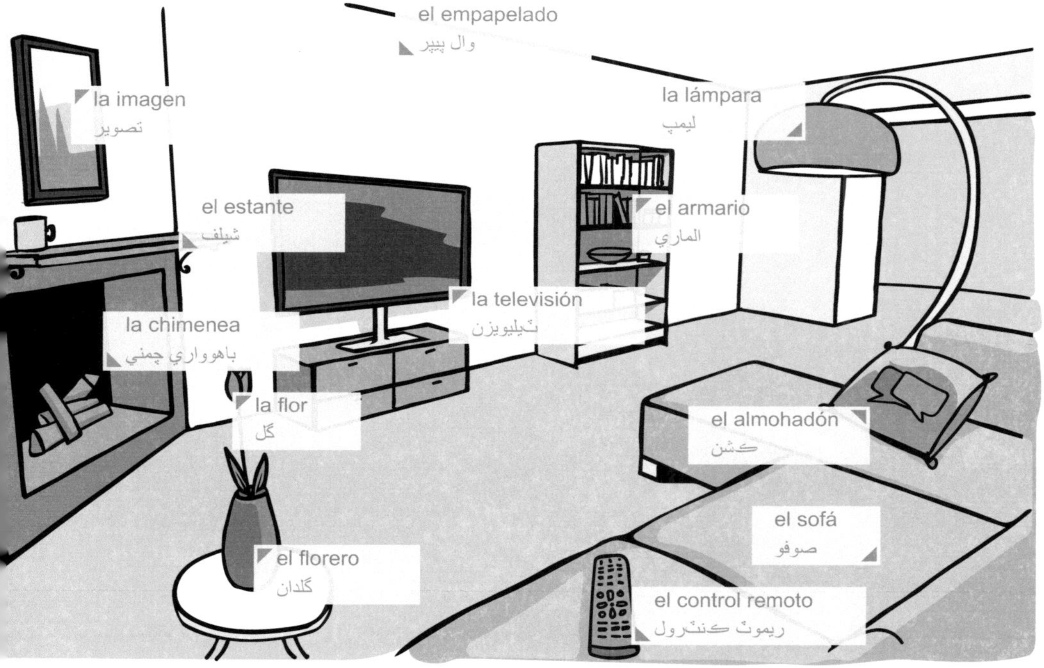

el empapelado
وال پېپر

la imagen
تصویر

la lámpara
لیمپ

el estante
شیلف

el armario
الماري

la chimenea
باهواري چمنۍ

la televisión
ټیلیویزن

la flor
ګل

el almohadón
کښن

el florero
ګلدان

el sofá
صوفو

el control remoto
ریموټ کنټرول

la alfombra
قالین

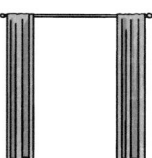

la cortina
پردو

la mesa
میز

la silla
کرسي

la mecedora
لړن واري کرسي

el sillón
ارام کرسي

el libro

كتاب

la frazada

كمبل

la decoración

أرائش

la leña

بارٹ واريون كانئون

la película

فلم

el equipo de música

هاني فاني

la llave

چابي

el diario

اخبار

la pintura

پينٹنگ

el póster

پوسٹر

la radio

ريڈيو

el cuaderno

نوٹ بک

la aspiradora

ويكيوم كلينر

el cactus

ٹوهر جو ٻوٽو

la vela

ميڻ بتي

la cocina

باورچي خانو

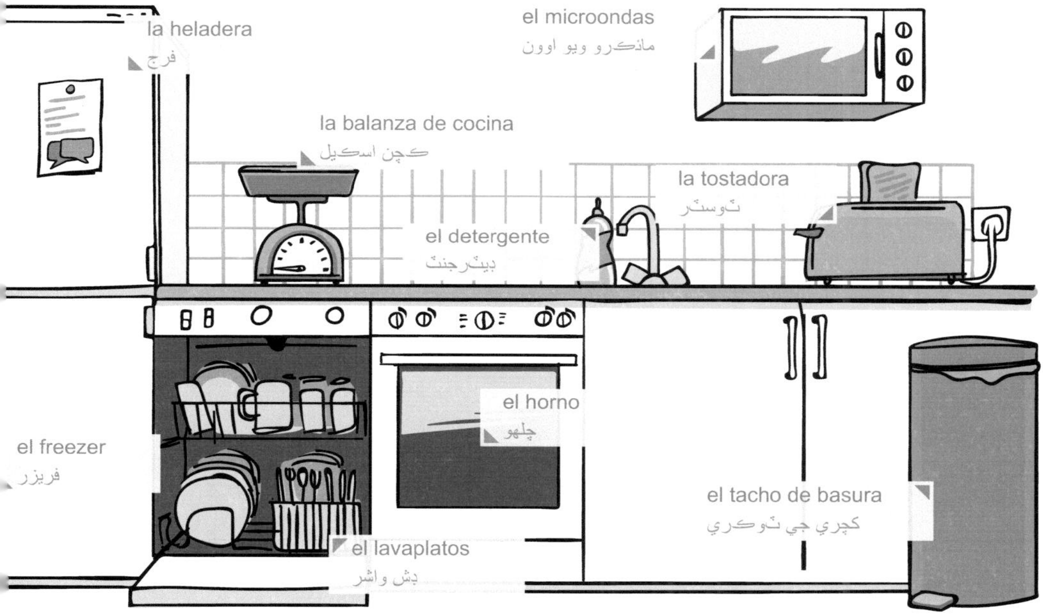

la heladera
فرج
el microondas
مائڪرو ويو اوون
la balanza de cocina
ڪچن اسڪيل
la tostadora
ٽوسٽر
el detergente
ڊيٽرجنٽ
el horno
چلهو
el freezer
فريزر
el tacho de basura
ڪچري جي ٽوڪري
el lavaplatos
ڊش واشر

la cocina

ڪُڪر

la olla

ٿانوَ

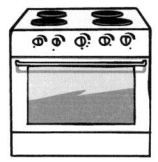

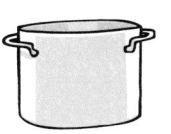

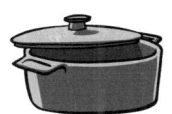

la olla de hierro fundido

ڪاسٽ آئرن جا ٿانو

el wok

ڪڙهائي

la sartén

ترڙ وارو ٿانو

la pava

ڪيٽلي

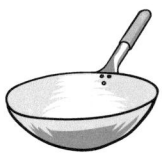

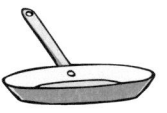

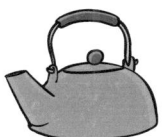

la vaporera

استیمر

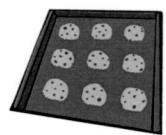

la bandeja de horno

بیکنگ ټري

la vajilla

کراکري

la taza

مګ

el bol

پیالو

los palitos

چاپ اسټکس

el cucharón

ډوني

la espátula

نفټۍ

la batidora

سبزي مکسر

el colador

چهاټي

el colador

چهاټي

el rallador

کدو کش وارو اوزار

el mortero

اکري

la parrilla

بار بي کيو

la fogata

کلیل باه

la tabla de picar

سبزي کټنۍ وارو بورډ

el palo de amasar

ویلڼ

el sacacorchos

کارک اسکریو

la lata

کین

el abrelatas

کین اوپنر

la manopla

ثانو پکړڼ وارو کپړو

la pileta

سنک

el cepillo

برش

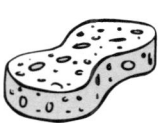

la esponja

اسفنج

la batidora

بلیندر

el congelador

ډیپ فریزر

la mamadera

بار جي بوتل

la canilla

نل

la ducha
شاور

la calefacción
هيتنگ

la toalla
تّوال

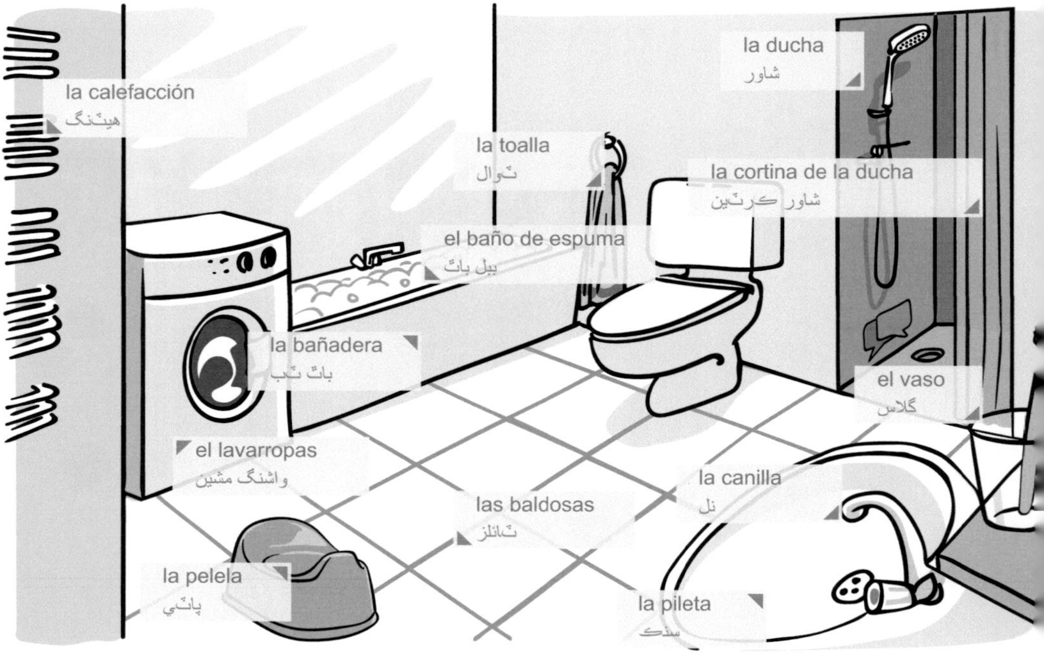

la cortina de la ducha
شاور كرتّين

el baño de espuma
بيل باتْ

la bañadera
باتْ تّب

el vaso
گلاس

el lavarropas
واشنگ مشين

la canilla
نل

las baldosas
تّائلز

la pelela
پاتّي

la pileta
سنّك

el inodoro

la letrina

el bidé

el inodoro
تّائلتّ

la letrina
اوكړو ويهٔ وارو تّوائلتّ

el bidé
شرم گاه دٔوتّ وارو تّب

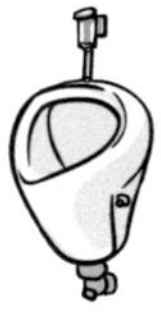

el mingitorio

el papel higiénico

el cepillo para el inodoro

el mingitorio
پيشاب گاه

el papel higiénico
تّائلتّ پيپر

el cepillo para el inodoro
تّائلتّ برش

el cepillo de dientes

ئوّڵه برش

el dentífrico

ئوّڵه پیست

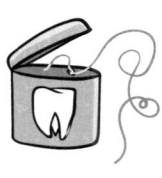

el hilo dental

دینتڵ فلاس

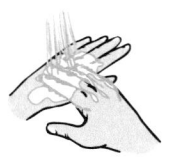

lavar

ئۆنڵ

la ducha de mano

هیند شاور

la ducha higiénica

شاور

la palangana

بیک برش

el cepillo para la espalda

بیک برش

el jabón

صابن

el gel de ducha

شاور جیل

el shampoo

شیمپو

la toallita

فلالین

el desagüe

درین

la crema

كریم

el desodorante

دیودورنت

el espejo

آئينو

el espejito

هنّ م پکرّڻ وارو آئينو

la maquinita de afeitar

ريزر

la espuma de afeitar

شيونگ فوم

el aftershave

آفٽر شيو

el peine

ڦڻي

el cepillo

برش

el secador de pelo

هيئر درائير

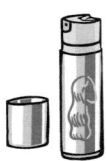

el spray

هيئر اسپري

el maquillaje

ميک اپ

el lápiz de labios

سرخي

el esmalte para uñas

نيل وارنش

el algodón

ڪپه

la tijera para uñas

نيل سيزر

el perfume

پرفيوم

el portacosméticos

واش بیگ

la banqueta

اسٹول

la balanza

وزن کرنٹ واری مشین

la bata

باتھ روب

los guantes de goma

ربڑ جا دستانا

el tampón

ٹیمپون

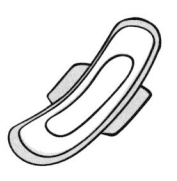

la toallita femenina

صفائي وارو ٹاول

el baño químico

کیمیائي ٹوائلٹ

el cuarto de los chicos

ٻارن جو ڪمرو

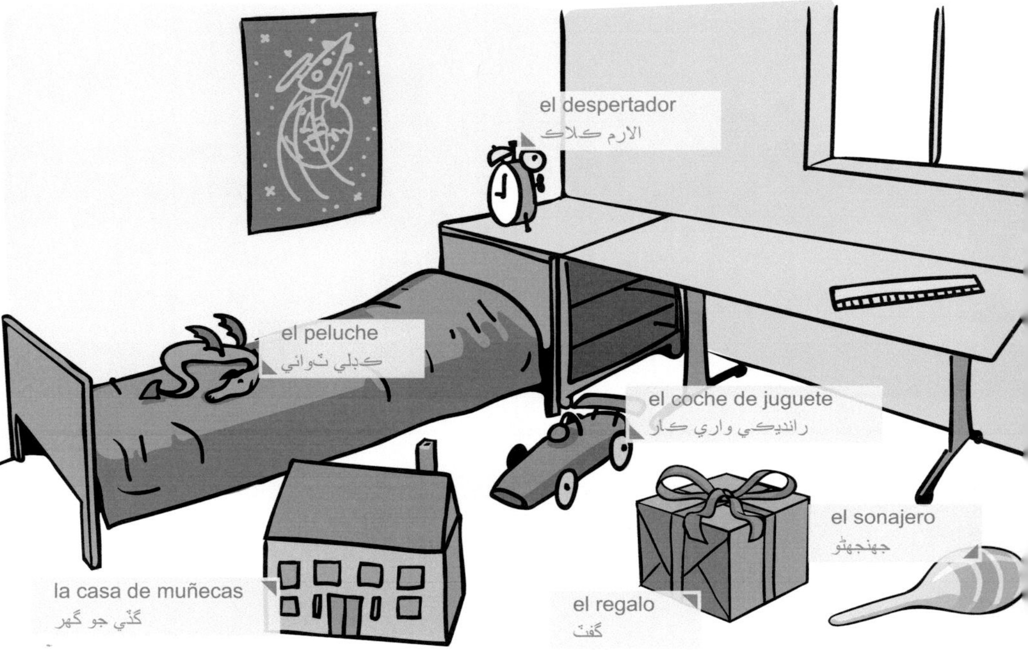

el despertador
الارم ڪلاڪ
el peluche
ڪبلي ٽوائي
el coche de juguete
رانديڪي واري ڪار
el sonajero
جهنجهٽو
la casa de muñecas
گڏي جو گهر
el regalo
گفٽ

el globo
ڦوڪٽو

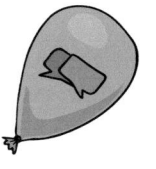

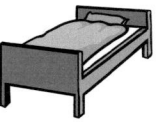

la cama
بيڊ

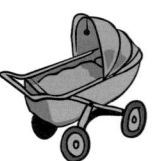

el cochecito
ٻار جي ڳاڏي

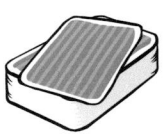

las cartas
ڊيڪ آف ڪاردز

el rompecabezas
جگسا

SUPER
MEGA
la historieta
ڪامڪ

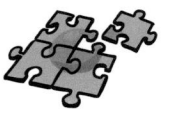

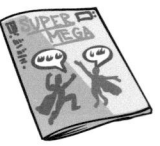

las piezas de lego

لیگوبرگس

los ladrillos de juguete

راندیکن واراٻلاکس

la figura de acción

ایکشن فگر

el enterito (de bebé)

بيبي گرو

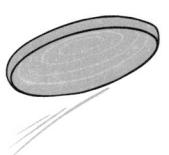

el frisbee

فرسبي

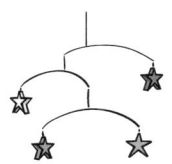

el móvil para bebés

راندیکي واري موبانل

el juego de mesa

بورڊ گيم

los dados

چهڪو

el tren eléctrico

ماڊل ٽين سيٽ

el chupete

بارن جي چوسڻ واري نپل

la fiesta

پارٽي

el libro de cuentos ilustrado

تصوير واري ڪتاب

la pelota

بال

la muñeca

گڏي

jugar

کيڏڻ

el arenero

سينڊ پٽ

la hamaca

جهولا

los juguetes

رانديڪا

la consola de videojuegos

وڊيو گيم ڪنسول

el triciclo

ٽن ڦيٿن واري سائيڪل

el osito de peluche

ٽيڊي بيئر

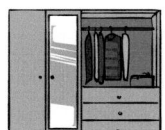

el armario

ڪپڙن جي الماري

la ropa

لباس

las medias

جرابا

las medias panty

اسٽاڪنگز

las calzas

ٽائٽس

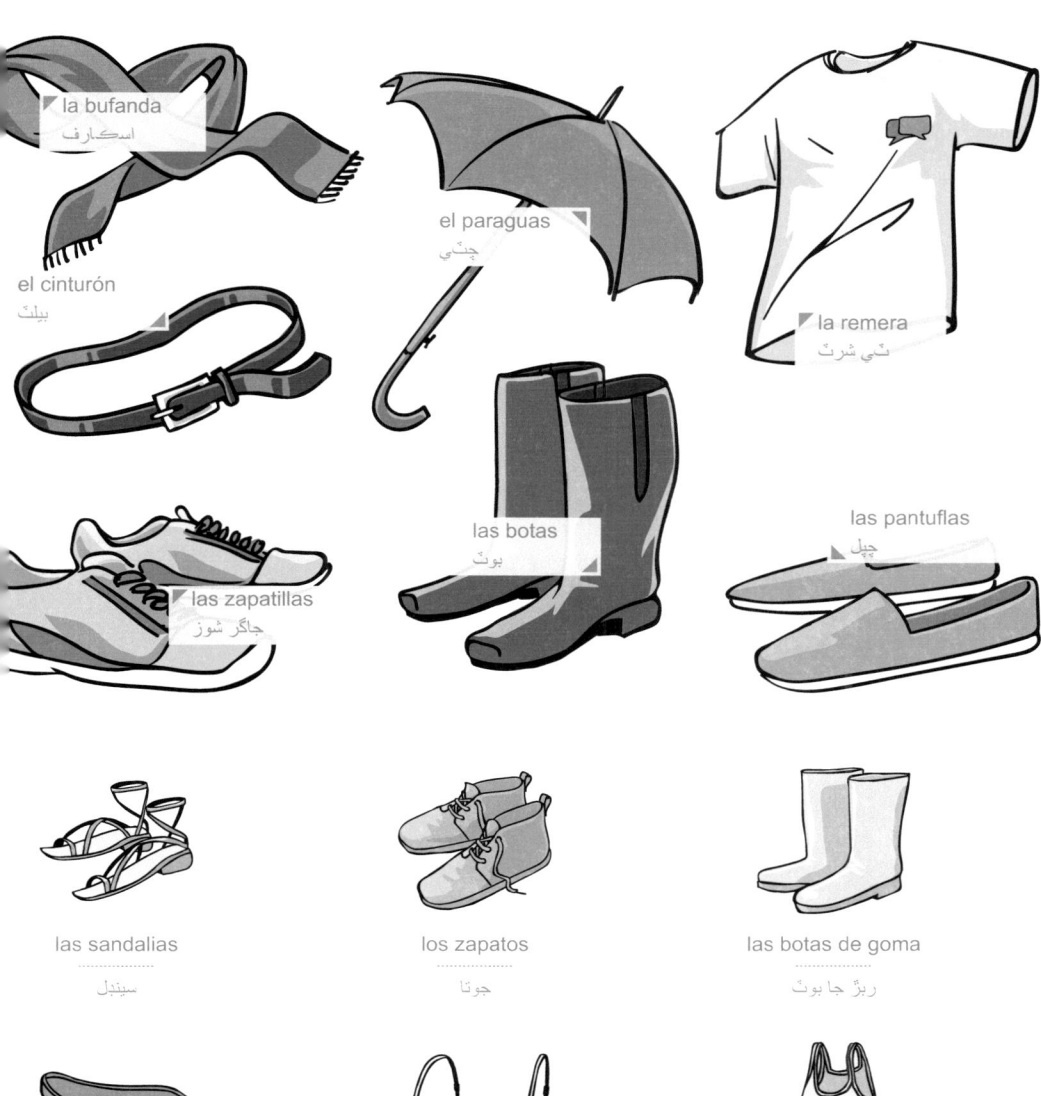

la bufanda
اسكارف

el paraguas
چترى

la remera
ٹی شرٹ

el cinturón
بيلٹ

las botas
بوٹ

las pantuflas
چپل

las zapatillas
جاگر شوز

las sandalias
سينڈل

los zapatos
جوتا

las botas de goma
ربڑ جا بوٹ

la ropa interior
انڈرپينٹس

el corpiño
بريزر

el chaleco
واسكٹ

la ropa - لباس   45

el body

جسم

los pantalones

پتلون

los jeans

جينز پينٹ

la pollera

اسکرٹ

la blusa

چولو

la camisa

قميض

el pulóver

جرسي

el buzo

ہوڈي

el blazer

بليزر

la campera

جيکٹ

el tapado

کوٹ

el piloto

بارش م پانٹ وارو کوٹ

el traje

پوشاک

el vestido

لباس

el vestido de novia

شادي جو لباس

el traje

سوٹ

el camisón

نائٹ گاؤن

el pijama

پاجامو

el sari

ساڑي

el pañuelo para la cabeza

مٿي تي بڌل وارو اسڪارف

el turbante

پڳڙي

la burka

برقعو

el caftán

ڪفتان

la abaya

عبايو

el traje de baño

تيراڪي جو لباس

el short de baño

چڍي

los shorts

نيكر

el jogging

ٹريڪ سوٹ

el delantal

اپرن

los guantes

دستانا

la ropa - لباس   47

el botón

بٹن

los anteojos

چشمو

la pulsera

بریسلیٹ

el collar

ہار

el anillo

منڈی

el aro

والیون

la gorra

ٹوپی

la percha

کوٹ ہینگر

el sombrero

ٹوپی

la corbata

ٹائی

el cierre

زپ

el casco

ہیلمٹ

los tiradores

بریسز

el uniforme escolar

اسکول یونیفارم

el uniforme

وردی

el babero

بارن لاءِ ڳلي ۾ ٻڌڻ وارو ڪپڙو

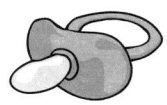

el chupete

بارن جي چوسڻ واري نپل

el pañal

ڳچو

la oficina

آفس

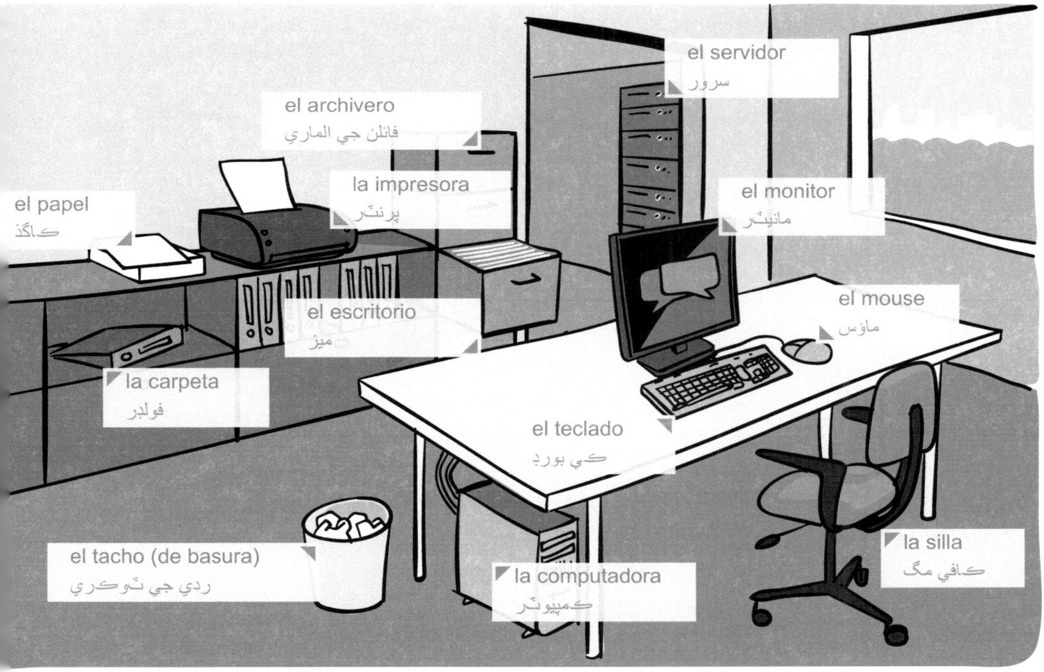

la taza de café

ڪافي مگ

la calculadora

ڪيلڪيوليٽر

el internet

انٽرنيٽ

el servidor — سرور

el archivero — فائلن جي الماري

la impresora — پرنٽر

el monitor — مانيٽر

el papel — ڪاغذ

el escritorio — ميز

el mouse — ماؤس

la carpeta — فولڊر

el teclado — ڪي بورڊ

la silla — ڪافي مگ

el tacho (de basura) — رڌي جي ٽوڪري

la computadora — ڪمپيوٽر

la laptop

لیپ ٹاپ

la carta

خط

el mensaje

پیغام

el celular

موبائل

la red

نیٹ ورک

la fotocopiadora

فوٹو کاپی کرنؔ واري مشین

el software

سافٹ ویئر

el teléfono

ٹیلی فون

el tomacorriente

پلگ ساکٹ

el fax

فیکس مشین

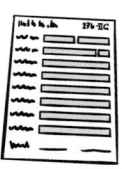

el formulario

فارم

el documento

دستاویز

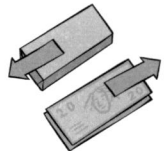

comprar

خرید کرنا

pagar

ادا کرنا

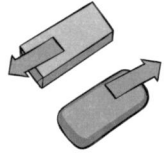

hacer negocios

صاف کرنا

el dinero

پیسا

el dólar

ڈالر

el euro

یورو

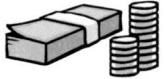

el yen

ین

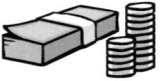

el rublo

روبل

el franco suizo

سوئس فرانک

el yuan

رینمینبی یوان

la rupia

روپیو

el cajero automático

کیش پوائنٹ

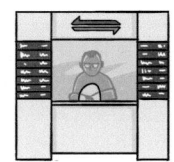

la casa de cambio

رقم تبديل كرائٹ جي أفيس

el oro

سون

la plata

چاندي

el petróleo

خام تيل

la energía

تواناني

el precio

قيمت

el contrato

معاهدو

el impuesto

ٹيكسّ

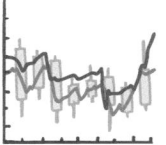

la acción

ذخيرو

trabajar

كم كرڻ

el empleado

ملازم

el empleador

أجر

la fábrica

فيكٹري

el negocio

دكان

las ocupaciones

پيشو

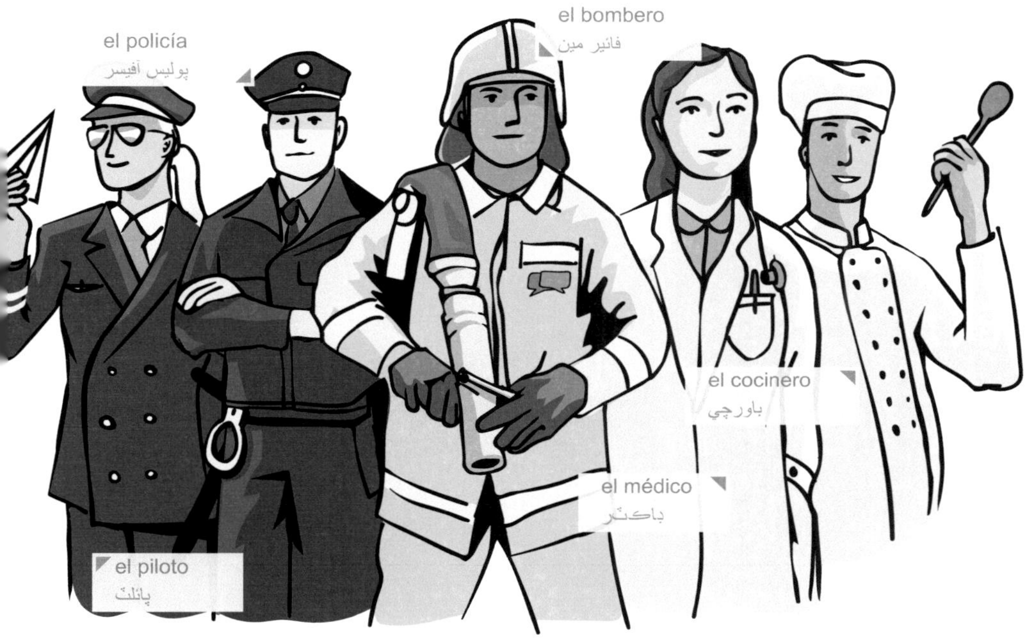
el policía
پولیس آفیسر
el bombero
فائير مين
el cocinero
باورچي
el médico
ډاکټر
el piloto
پائلټ

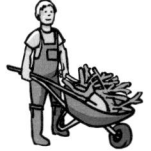

el jardinero

مالي

el carpintero

وادو

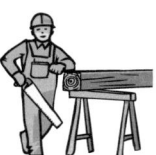

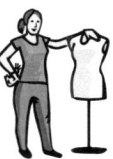

la modista

درزن

el juez

جج

el farmacéutico

کیمیسټ

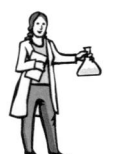

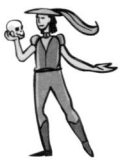

el actor

اداکار

el colectivero

بس ڊرائيور

el taxista

ٽيڪسي ڊرائيور

el pescador

مڇي مارڻ وارو

la mucama

صفائي ڪرڻ واري ماني

el techista

ڇت ٺاهڻ وارو

el mozo

ويٽر

el cazador

شڪاري

el pintor

رنگ ساز

el panadero

نانوائي

el electricista

اليڪٽريشن

el albañil

بلدر

el ingeniero

انجنيئر

el carnicero

ڪاساني

el plomero

پلمبر

el cartero

پوسٽ مين

el soldado

سپاهي

el arquitecto

ارکيټيکټ

el cajero

خزانچي

el florista

ګل کپانۍ وارو

el peluquero

نائي

el cobrador

کنډيکټر

el mecánico

مکينک

el capitán

کپتان

el dentista

ډينټسټ

el científico

ساينسدان

el rabino

يهودي عالم

el imán

امام

el monje

راهب

el sacerdote

پادري

las herramientas

اوزار

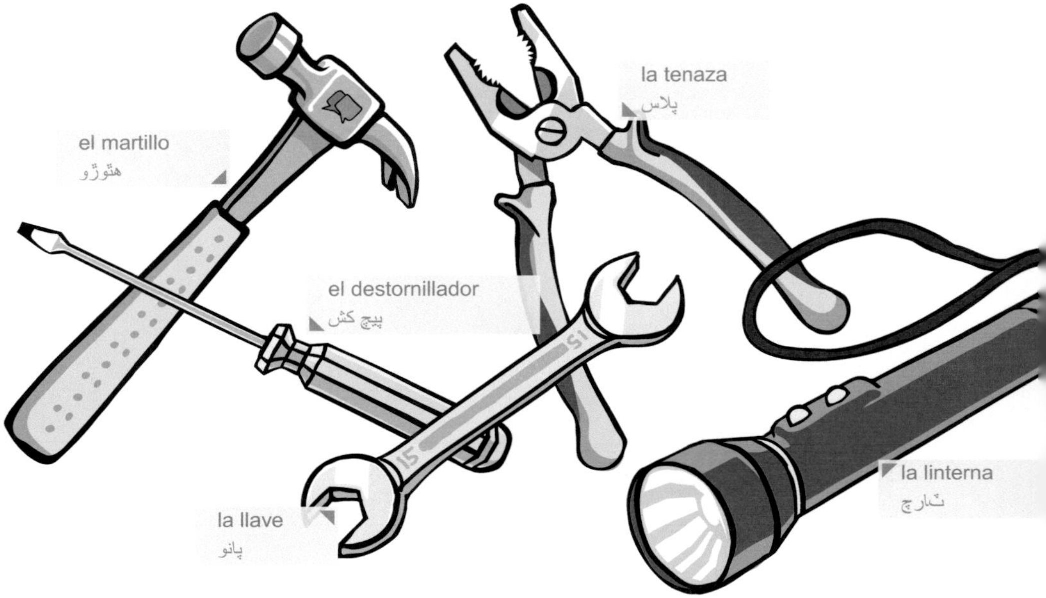

la tenaza
پلاس
el martillo
هٿوڙو
el destornillador
پيچ ڪش
la llave
پانو
la linterna
ٽارچ

la excavadora
ايڪسڪويٽر

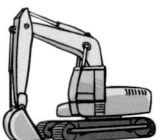

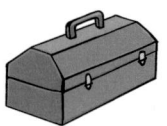

la caja de herramientas
ٽول باڪس

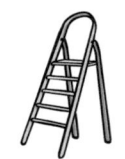

la escalera portátil
ڏاڪڻ

la sierra
آري

los clavos
ڪوڪو

el taladro
ڊرل

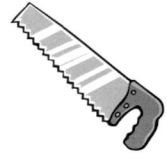

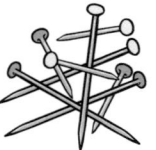

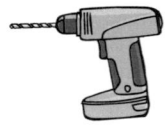

arreglar

مرمت كرڻ

la pala de jardín

بيلچو

¡Qué bronca!

لعنت هجي!

la pala de plástico

كچري دان

el tacho de pintura

پينٽ وارو ڊٻو

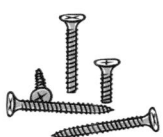

los tornillos

پيچ

los instrumentos musicales

موسيقي جا اوزار

el parlante

لاؤڊ اسپيڪر

la batería

ڊبل باس

la guitarra

گٽار

el contrabajo

ڊبل باس

la trompeta

ٽوٽاري

el piano

پیانو

el violín

وائلن

el bajo

گٹار

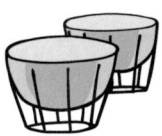

los timbales

ٹمپاني

el tambor

ڈرم

el teclado

كي بورڈ

el saxofón

سیكوفون

la flauta

بانسري

el micrófono

مائیكروفون

el zoológico

چڙيا گهر

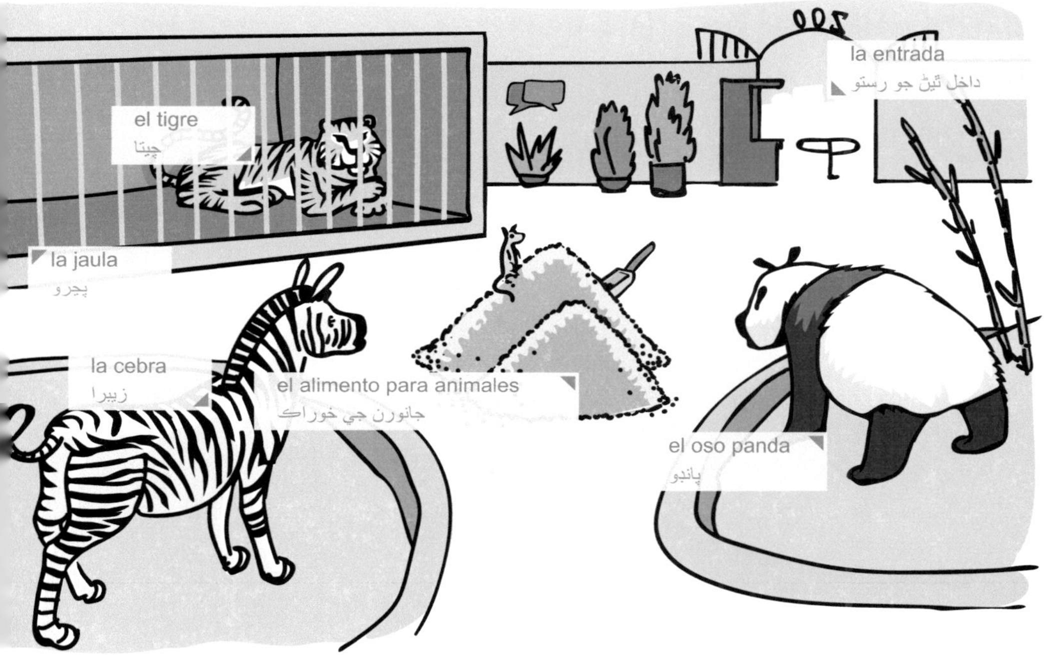

la entrada
داخل ٿيڻ جو رستو
el tigre
چيتا
la jaula
پڃرو
la cebra
زيبرا
el alimento para animales
جانورن جي خوراڪ
el oso panda
پانڊو

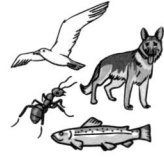

los animales

جانور

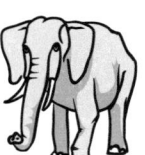

el elefante

هاٿي

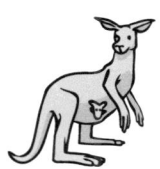

el canguro

ڪينگرو

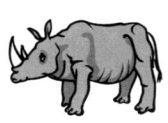

el rinoceronte

گينڊو

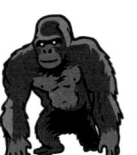

el gorila

گوريلو

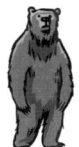

el oso

رڇ

el camello

انٹ

el avestruz

شتر مرغ

el león

شينهن

el mono

پولڙو

el flamenco

فليمنگو

el loro

طوطو

el oso polar

برفاني رچ

el pingüino

كبوتر

el tiburón

شارك

el pavo real

مور

la serpiente

نانگ

el cocodrilo

واگھون

el cuidador del zoológico

چڙيا گھر جو محافظ

la foca

گوج مڇي

el jaguar

چيتو

el poni

ٹٹٹون

el leopardo

چيتو

el hipopótamo

درياني گهوڑو

la jirafa

زرافه

el águila

باز

el jabalí

سونر

el pescado

مڇي

la tortuga

ڪمي

la morsa

سامونڊي گهوڑو

el zorro

لومڙي

la gacela

هرڻ

el fútbol americano
آمریکن فوٹبال

el ciclismo
سائکلنگ

el tenis
ٹینس

el básquet
باسکٹ بال

la natación
تیراکی

el boxeo
باکسنگ

el hockey sobre hielo
آئس ہاکی

el fútbol

فوٹبال

el bádminton

بیڈمنٹن

el atletismo

ایتھلیٹکس

el handball

ہینڈ بال

el esquí

اسکیئنگ

el polo

پولو

saltar
ٹپو ڏيڻ

abrazar
ڀاڪر پائڻ

reír
کلڻ

caminar
هلڻ

cantar
گانو ڳائڻ

soñar
خواب ڏسڻ

rezar
دعا ڪرڻ

besar
چمي ڏيڻ

escribir

لکڻ

dibujar

تصوير ڪشي ڪرڻ

mostrar

ڏيکارڻ

presionar

ڌڪو ڏيڻ

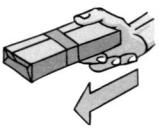

dar

ڏيڻ

tomar

وٺڻ

tener

رکۤ

hacer

کرۤ

ser

ٹیۤ

estar parado

بیہۤ

correr

ڀڄۤ

tirar

چکۤ

tirar

اچلاۤ

caer

کرۤ

estar acostado

کوڙ گالھاۤ

esperar

اندظار کرۤ

llevar

کٹي وجن

estar sentado

ویہۤ

vestirse

تیار ٹیۤ

dormir

سمنھۤ

despertar

جاڳۤ

mirar

ڏسڻ

llorar

روئڻ

acariciar

ڌڪ ھڻ

peinar

ڪنگي ڪرڻ

hablar

ڳالھائڻ

entender

سمجھڻ

preguntar

پڇڻ

escuchar

ٻڌڻ

beber

پيئڻ

comer

کائڻ

ordenar

صاف ڪرڻ

amar

پيار ڪرڻ

cocinar

پچائڻ

manejar

گاڏي هلائڻ

volar

اڏڻ

las actividas - سرگرميون

navegar

بحری سفر کرٹ

calcular

حساب کرٹ

leer

پڑہِٹ

aprender

سکٹ

trabajar

کم کرٹ

casarse

شادي کرٹ

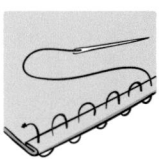

coser

سیٹ

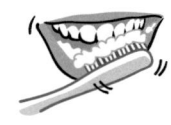

cepillarse los dientes

ڈندن کي برش کرٹ

matar

قتل کرٹ

fumar

سگریٹ پیٹ

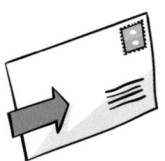

enviar

موکلٹ

la abuela
ڈاڈی یا نانی

el abuelo
ڈاڈّو یا نانو

el padre
پیُ

la madre
ماءُ

el bebé
پار

la hija
تي

el hijo
پٽ

el invitado
مهمان

la tía
چاچي

el tío
چاچو

el hermano
ڀاءُ

la hermana
ڀيڻ

la frente
پیشاني

el ojo
اک

el hombro
کلھو

el dedo
آڱر

la cara
منھن

la pera
ڪائي

la mano
ھٿ

el pecho
ڇاتي

la pierna
ٽنگ

el brazo
ٻانھن

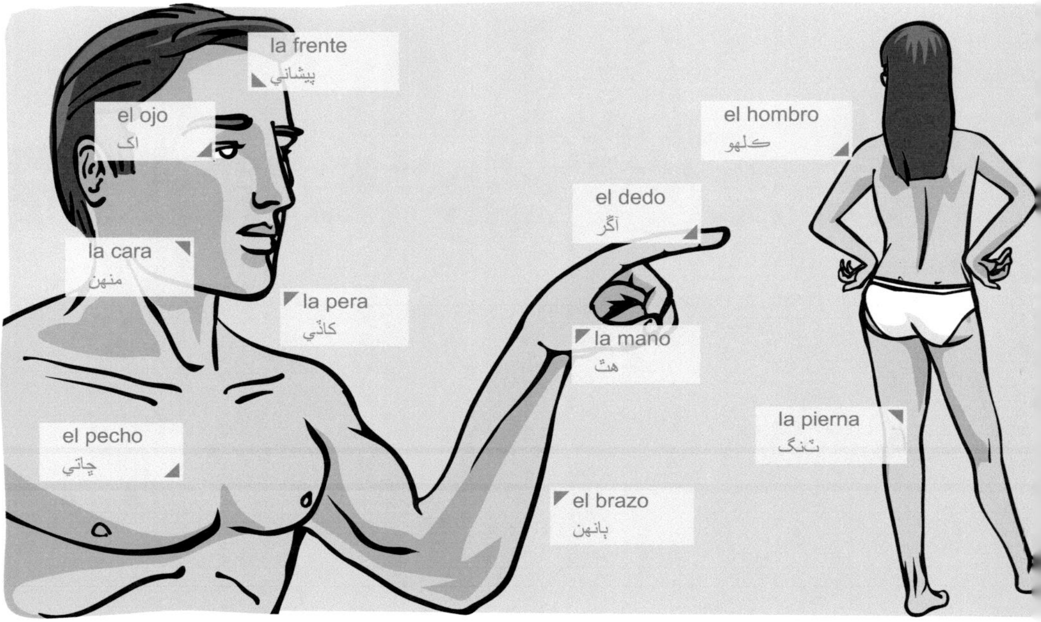

el bebé

ٻار

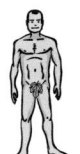

el hombre

ماڻھون

la mujer

عورت

la nena

ڇوڪري

el nene

ڇوڪرو

la cabeza

مٿو

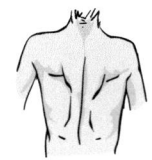

la espalda

پٺي

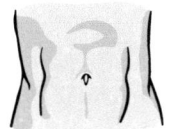

la panza

پيٽ

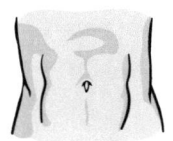

el ombligo

دن

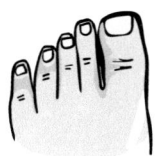

el dedo del pie

پير جو اڱوٺو

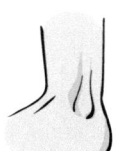

el talón

کڙي

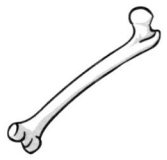

el hueso

هڏي

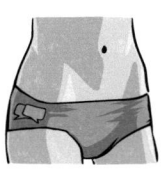

la cadera

ڀڏدٽ

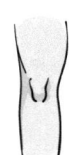

la rodilla

گوڏو

el codo

ٺونٺ

la nariz

ذڪ

la cola

هيٺيون حصو

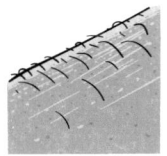

la piel

ڪل

el cachete

ڳل

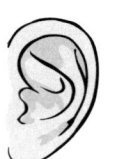

la oreja

ڪن

el labio

چپ

la boca

وات

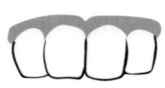

el diente

ڈنڈ

la lengua

زبان

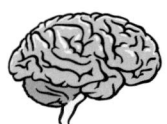

el cerebro

دماغ

el corazón

دل

el músculo

ڈورو

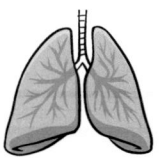

el pulmón

قوز

el hígado

جگر

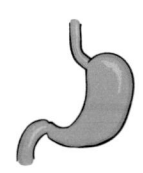

el estómago

معذو

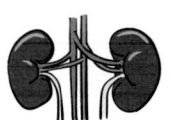

los riñones

گردا

el sexo

جماع کرڈ

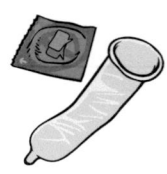

el preservativo

کنڈوم

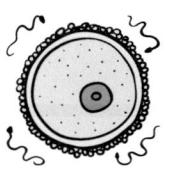

el óvulo

بيضہ

el semen

مني

el embarazo

حمل

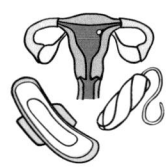

la menstruación

حيض

la vagina

پچیدانی جی نالی

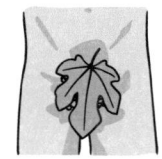

el pene

مردانو مخصوص عضوو

la ceja

پرون

el pelo

وار

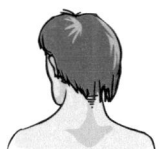

el cuello

ګڼی

el hospital

اسپتال

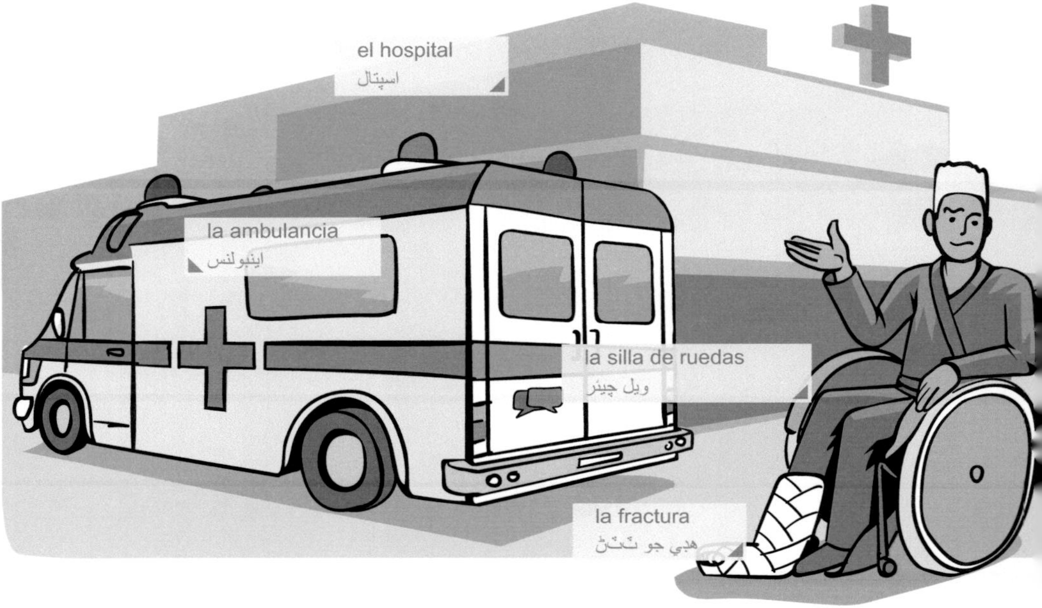

el hospital
اسپتال
la ambulancia
اينبولنس
la silla de ruedas
ويل چيئر
la fractura
هڏي جو ٽٽڻ

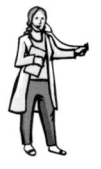

el médico

ڊاڪٽر

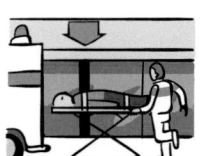

la sala de guardia

هنگامي ڪمرو

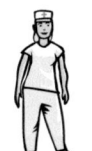

la enfermera

نرس

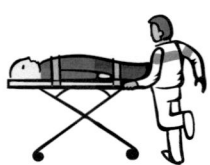

la emergencia

ايڪسري

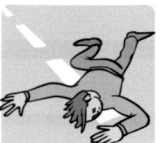

inconsciente

بيهوش

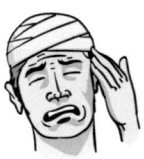

el dolor

سور

la lesión

زخم

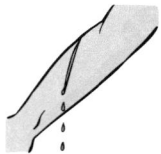

la hemorragia

رت وهن

el infarto

دل جو دورو

el ACV

فالج

la alergia

الرجی

la tos

كنگيه

la fiebre

بخار

la gripe

زكام

la diarrea

دست

el dolor de cabeza

منّي جو سور

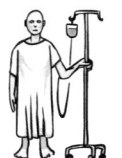

el cáncer

كينسر

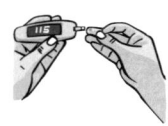

la diabetes

ذيابيطس

el cirujano

سرجن

el bisturí

جراحی بليد

la operación

اپريشن

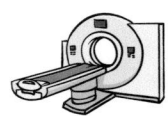

la TC

سي ٹِي

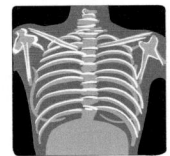

los rayos x

ايكسري

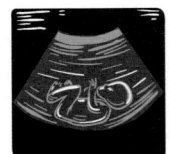

la ecografía

الٹّراساؤنڈ

el barbijo

منهن جي ماسڪ

la enfermedad

بيماري

la sala de espera

انتظار ڪرڻ جو ڪمرو

la muleta

بيساکھي

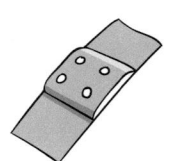

la curita

پالاسٹر

la venda

پٹّي

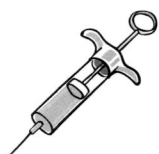

la inyección

انجيڪشن

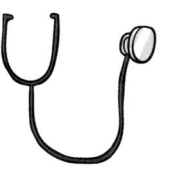

el estetoscopio

اسٹيٹھوسڪوپ

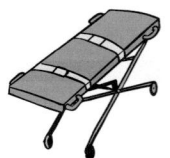

la camilla

اسٹريچر

el termómetro

ٹرماميٹر

el nacimiento

پيدائش

el sobrepeso

موٹاپو

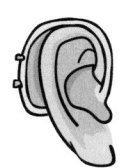

el audífono

ہیڈّن واری ڈیوائس

el desinfectante

جراثیم کش

la infección

انفیکشن

el virus

وائرس

el VIH / SIDA

ایچ آئی وی / ایڈز

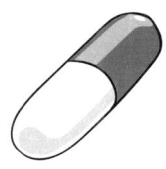

el remedio

دوا

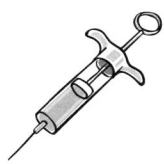

la vacunación

ویکسینیشن

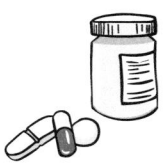

los comprimidos

ٹکّی

la pastilla anticonceptiva

گوری

llamada de emergencia

ہنگامی کال

el tensiómetro

بلڈ پریشر مانیٹر

enfermo / sano

بیمار / صحت

¡Ayuda!

مدد

la alarma

الارم

la agresión

جسماني حملو كرڻ

el ataque

حملو كرڻ

el peligro

خطره

la salida de emergencia

هنگامي حالت ۾ نكرڻ جو رستو

¡Fuego!

باھ

el matafuego

باھ وسائڻ جو اوزار

el accidente

حادثو

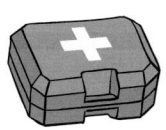

el botiquín de primeros
auxilios

ابتدائي طبي امداد

el SOS

ايس او ايس

la policía

پوليس

Europa

يورپ

América del Norte

اتر امریکا

América del Sur

ڈکن امریکا

África

افریقا

Asia

ایشیا

Australia

آسٹریلیا

el Atlántico

اٹلانٹک

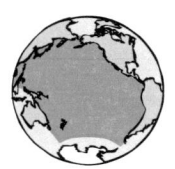

el Pacífico

پیسفک

el Océano Índico

بحر ہند

el Océano Antártico

انٹارکٹک سمندر

el Océano Ártico

آرکٹک سمندر

el polo norte

اتر قطب

el polo sur

ذَكِنْ قطب

la Antártida

انٹارکٹیکا

la Tierra

زمین

la tierra

زمین

el mar

سمنڈ

la isla

جزیرو

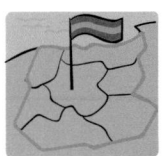

la nación

قوم

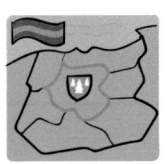

el estado

ریاست

la esfera

گهڙي جو سامهون حصو

la manecilla de las horas

كلاڪ واري سوني

el minutero

منٽ واري سوني

el segundero

سيڪنڊن واري سوني

¿Qué hora es?

ٽائم گھٽو ٿيو اهي؟

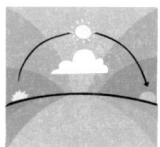

el día

ڏينهن

la hora

وقت

ahora

هاڻي

el reloj digital

ڊجيٽل گھڙي

el minuto

منٽ

la hora

كلاڪ

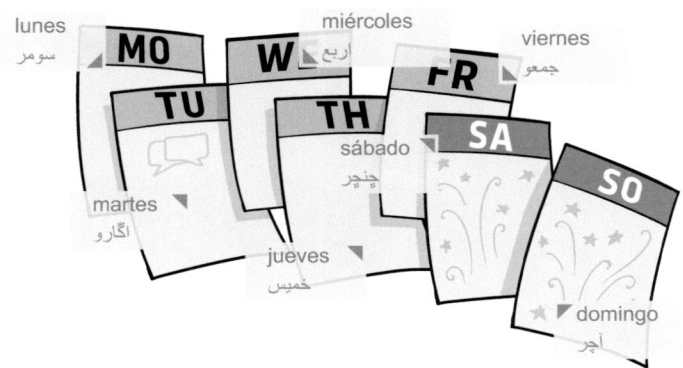

lunes
سومر

miércoles
اربع

viernes
جمعو

martes
اگارو

jueves
خميس

sábado
ڇنڇر

domingo
آچر

ayer

كله

hoy

اج

mañana

سيائَي

la mañana

صبح

el mediodía

منجهند

la tarde

شام

MO	TU	WE	TH	FR	SA	SU
1	2	3	4	5	6	7
8	9	10	11	12	13	14
15	16	17	18	19	20	21
22	23	24	25	26	27	28
29	30	31	1	2	3	4

los días hábiles

كاروباري ڏينهن

MO	TU	WE	TH	FR	SA	SU
1	2	3	4	5	6	7
8	9	10	11	12	13	14
15	16	17	18	19	20	21
22	23	24	25	26	27	28
29	30	31	1	2	3	4

el fin de semana

هفتي جو آخر

el arco iris
اندلٺ

la lluvia
برسات

la nieve
برف

el viento
هوا

la primavera
بهار

el otoño
خزان

el verano
گرمي جي موسم

el invierno
سردي جي موسم

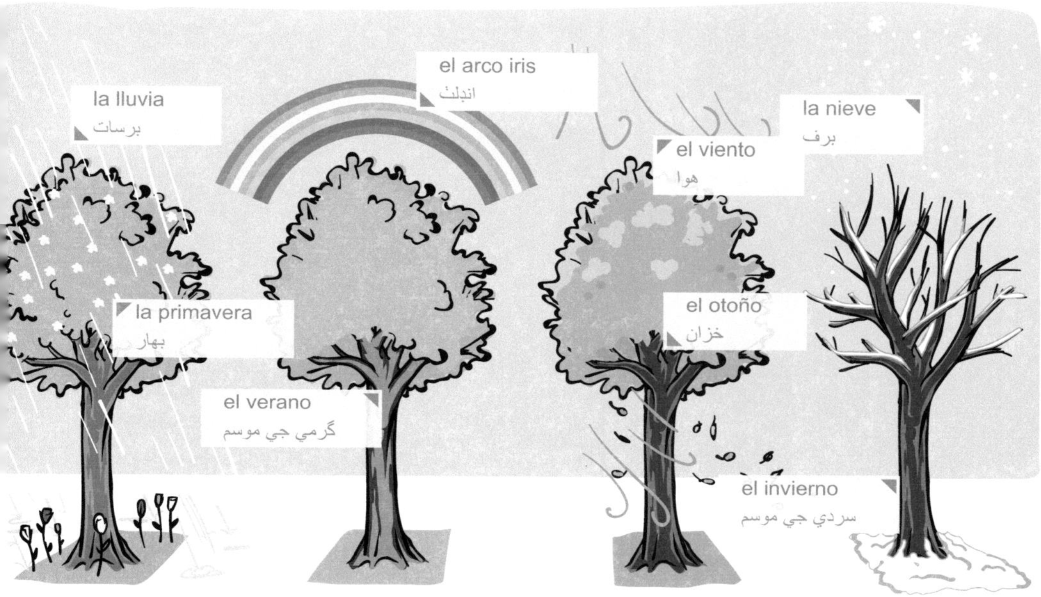

pronóstico meteorológico

موسم جي پيشنگوهي

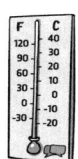

el termómetro

ٿرماميٽر

la luz del sol

اس

la nube

بادل

la niebla

ڌنڌ

la humedad

نمي

el rayo

أسماني بجلي

el trueno

ٹرمامينٹر

la tormenta

طوفان

el granizo

ڳڙڙ جو مينهن

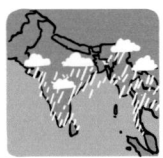

el monzón

مون سون

la inundación

ٻوڏ

el hielo

برف

enero

جنووري

febrero

فيبروري

marzo

مارچ

abril

اپريل

mayo

مني

junio

جون

julio

جولاني

agosto

آگسٽ

septiembre

سيپتَمبر

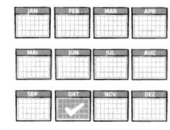

octubre

أكتّوبر

noviembre

نوبمر

diciembre

ڈسمبر

las formas

شكلون

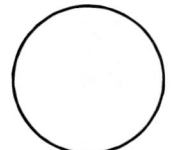

el círculo

دائرو

el cuadrado

چكور

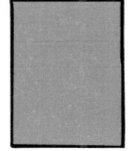

el rectángulo

مستطيل

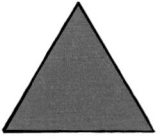

el triángulo

ٹَكنڈی

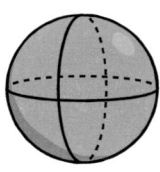

la esfera

كره

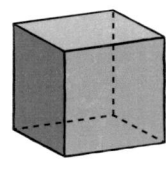

el cubo

كَعب

blanco

اچو

amarillo

پيلو

naranja

نارنجي

rosa

گلابي

rojo

ڳاڙهو

violeta

جامني

azul

نيرو

verde

سائو

marrón

ناسي

gris

ڀورو

negro

ڪارو

mucho / poco

گھٹو / ٹّورو

enojado / tranquilo

ناراض / پر سکون

lindo / feo

خوبصورت / بدصورت

el principio / el fin

شروعات / خَتم

grande / chico

وڈّو / نِنّو

claro / oscuro

روشنی / اونده

el hermano / la hermana

بھن / بھائی

limpio / sucio

صاف / خراب

completo / incompleto

مکمل / نا مکمل

el día / la noche

دِینین / رات

muerto / vivo

مردہ / زندہ

ancho / angosto

بگھیو / تنگ

comestible / no comestible

كاڻ قابل نه هجڻ / كاڻ جي قابل هجن

malo / amable

برو / سٺو

entusiasmado / aburrido

پرجوش / بوريت جوشڪار

gordo / flaco

موٽو / پٽلو

primero / último

پهريون / آخري

el amigo / el enemigo

دوست / دشمن

lleno / vacío

پريل / خالي

duro / blando

سخت / نرم

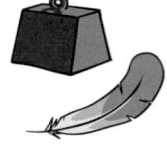

pesado / liviano

ڳورو / هلڪو

el hambre / la sed

بک / اڃ

enfermo / sano

بيمار / صحتٌ

ilegal / legal

غيرقانون / قانوني

inteligente / estúpido

عقلمند / بيوقوف

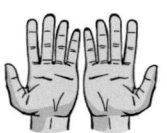

izquierda / derecha

سڏو / ابتو

cerca / lejos

ويجهي / پري

nuevo / usado

نوون / استعمال ٹیل

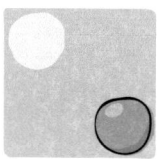

nada / algo

كچه يه نه / كچه

viejo / joven

بوڑهو / نوجوان

encendido / apagado

ان / آف

abierto / cerrado

كليل / بند

silencioso / ruidoso

خاموش / بلند اواز سان

rico / pobre

امير / غريب

correcto / incorrecto

صحيح / غلط

áspero / suave

كيورو / لسو

triste / contento

غمگين / خوش

corto / largo

مختصر / ڊگهو

lento / rápido

أهسته / تيز

mojado / seco

آلو / سكل

caliente / frío

گرم / ٿڌو

guerra / paz

جنگ / امن

los opuestos - مخالف

los números

نمبرز

0

cero

زيرو

1

uno

هک

2

dos

به

3

tres

ئ‌ي

4

cuatro

چار

5

cinco

پنج

6

seis

چه

7

siete

ست

8

ocho

اٿ

9

nueve

نۆ

10

diez

ٹه

11

once

يارهن

12

doce

بارهن

13

trece

تیرهن

14

catorce

چودْهن

15

quince

پندرهن

16

dieciséis

سورهن

17

diecisiete

سترهن

18

dieciocho

ارّهن

19

diecinueve

اوثویه

20

veinte

ویه

100

cien

سو

1.000

mil

هزار

1.000.000

el millón

ڈہ لک

el inglés

انگريزي

el inglés americano

آمريكي انگريزي

el chino mandarín

چيني ميندارن

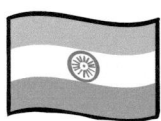

el hindi

هندي

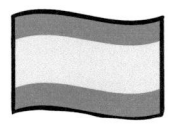

el español

اندلسي بولي

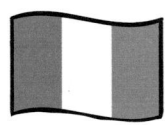

el francés

فرانسيسي

el árabe

عربي

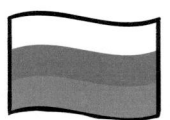

el ruso

روسي

el portugués

پرتگالي

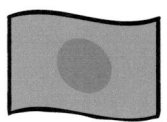

el bengalí

بنگالي

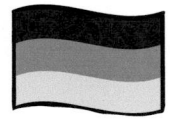

el alemán

جرمن

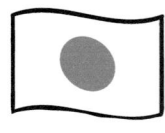

el japonés

جاپاني

yo

مان

vos

ثون

él / ella

هي چوكري/ هي چوكرو / هو

nosotros

اسان

ustedes

ثون

ellos

هو

¿quién?

كير؟

¿qué?

چا؟

¿cómo?

كينن

¿dónde?

كٿي؟

¿cuándo?

كڏنهن؟

el nombre

نالو

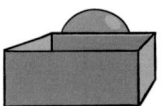

detrás

پويان

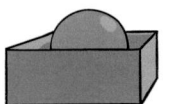

en

adelante de

جي سامهون

por encima de

مٿي

sobre

تي

debajo de

هيٺ

al lado de

گڏ

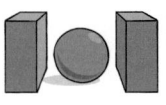

entre

وچ ۾

el lugar

جڳھ